心を整える武士道の言葉

はじめに

『武士道』は新渡戸稲造によって英語で書かれ、世界的なベストセラーとなりました。この本は武士たちの規範や倫理観だけにとどまらず、日本人全体の道徳意識や思考を紐解いたことで、外国の人たちが日本を知るための教科書のような存在となったのです。武士というと、勇猛果敢な人たちをイメージするかもしれません。しかし、彼らは何事にも動じない強さや思いやりの心など、高い精神性を持ち合わせていました。『武士道』は、現代に生きる私たちに、よりよく生きるためのヒントを教えてくれます。本書ではそれらを集め、やさしく解説しました。サムライたちの気高い心に触れることで、まっすぐに生きる勇気がわいてくるはずです。

第一章　自分を律したいとき

第二章 平常心を保ちたいとき

第三章　信頼関係を築きたいとき

第四章　困難に立ち向かいたいとき

第五章　よりよく生きたいとき

第六章 武士道解説

第一章　自分を律したいとき

武士道の精神は今も日本人の中に息づいている

武士道は、桜花と同じように、日本の国土に咲く固有の華である。

武士道と聞くと、現代人とはほど遠い、昔の考え方だと思う人も多いかもしれません。しかし、昔も今も桜が日本の象徴であるように、武士の精神も、同じ日本人である私たちの心の中に脈々と受け継がれているのです。

常に死と向き合わなければならない武士たちが、何を考え、どのように生きていたのか。それは私たちの道徳観や倫理観の原点ともいえるもの。

忙しい毎日で、自分を見失いそうになったときこそ、武士道の中に生き方のヒントを見つけられるはずです。

勇猛果敢なフェア・プレーの精神
――この素朴な感覚の中に、豊かな道徳の芽生えがある。

子どもの頃から私たちは「弱いものいじめをしたらいけない」と教えられます。遊びの中でも小さな子が不利にならないようにルールを決めて遊ぶこともあったでしょう。

大人になった今、そんなフェア・プレーの精神は息づいているでしょうか。相手の立場が弱いと、つい横柄な態度に出たり、反対に強い相手に対して萎縮したりしていませんか。

どんな相手に対しても態度を変えず正々堂々と向き合うことは、人間関係の基本なのです。

知識は、その人の品性に表れて初めて真の知識となる。

年齢を重ねても学び続ける姿勢はとても大切です。しかし、武士道において、ただの丸暗記は「論語読みの論語知らず」として冷笑されたといいます。学

びを自分のものとして心に落としこみ、それがその人の品性となって表れたとき、初めて真の知識となるというのです。

学びの目的は人によって様々であっても、その過程で自分自身が磨かれていくもの。なかなか成果がでなくても諦めずに学び続けていきましょう。

武士道は知識を重んじるものではない。重んずるものは行動である。

武士道が目指しているのは「知行合一《ちこうごういつ》」という思想。これは中国の思想家・王陽明《おうようめい》の言葉で、あらゆる知識は日々の行動と合致しなければならないというものです。

例えば英語を一生懸命学んだのなら、日常生活でそれを使うことに意味があります。はじめから大きな行動に移すのは難しいですが、工夫すれば今からでもできることはたくさんあるはず。失敗したとしても行動を繰り返すことで、知識はしっかりと身についていくでしょう。

得た知識をもとに何をするかが成功の鍵

単に知識だけを持つ者は、「便利な機械」としか見られなかった。

これからの時代、多くの仕事がAIに取って替わるといわれています。ますます、「人間にしかできないこと」へ注目が高まっていくでしょう。

しかし、実はそれは武士道の時代も同じだったのです。ただ情報を知っているだけ、ただ言われたことをするだけでは自分らしさを出すことはできません。得た知識を生かして、何を考え、どんな行動を起こすのかが大きな成功を手にする鍵となるでしょう。

正しい行動は骨格のように自分を支えるもの

節義とは人体にたとえれば骨に当たる。骨がなければ首も正しく載っていられない。

武士が最も重んじた義（↓184ページ）の精神は、人間の体に例えていえば骨格のようなもの。何が正しいか見極め、行動する力は、体を支える基礎であり、それがなければ、どんなに知識があっても、どんなに才能があっても、一流の武士とはいえないのです。

自分を成長させたいと思うとき、私たちは勉強をしたり、テクニックを磨いたりということに目がいきがちです。しかし、肝心な骨格を丈夫にすることを忘れてはいけません。それは、外からは見えなくても生涯にわたって自分を支えてくれるでしょう。

「大義の勇」と「匹夫《ひっぷ》の勇」について聞いたことのない者がいたであろうか。

常に戦いに備える武士たちは皆、勇気を持ち合わせています。しかし、命知らずの敵陣への攻撃は「匹夫の勇」として軽蔑されたといいます。正しく考え、行動する、「大義の勇」こそ真の勇気なのです。

自分の実力や、相手のことを理解し、入念に準備した上でのチャレンジは、たとえ失敗したとしても学びを得ることができるはず。ここぞというチャンスでは、前のめりになりすぎず、冷静に対処しましょう。

茶の湯は精神修養の実践方式である。

日本固有の文化である茶道。武士道では茶の湯の最大の価値は精神修養にあるとされています。心を平静に保ち、感情を穏やかにし、落ち着いた所作を行う。これは茶の湯の基本であり、正しい思考のために欠かせないものでもあります。

なかなか物事がうまくいかない時、手当たり次第に何かをやるのではなく、一度心を落ち着けてリセットしてみるのも一つの手。今の時代だからこそ、茶道を学ぶ意義は大いにあるといえるでしょう。

礼儀作法は訓練し続ければ必ず身につく

正しい作法をたえず訓練することで身体の器官と機能に完全な秩序をもたらす。

挨拶やお辞儀の仕方、歩き方、座り方など、細かな礼儀作法は堅苦しく、形式張っているというイメージがあるかもしれません。しかし、これらは誰

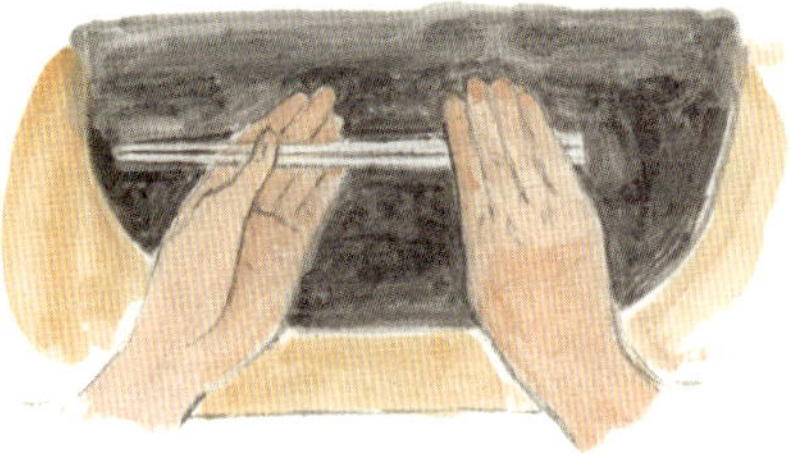

が見ても優美であり、丁寧な方法なのです。これらを繰り返し訓練することは、正しい行動を繰り返す訓練であり、道理にかなった行動を身につけることができます。
毎日の挨拶にも心を込め、丁寧なお辞儀をする。自然にそれができるように心がけてみましょう。

ささいな刺激で怒る者は「短気」として笑い者にされる。

武士道では忍耐や我慢がとても重要とされており、些細なことで怒るのは恥ずべきことだとされています。

他人と自分とでは常識は異なるもの。相手の言動に反応して、イライラしたり、相手を批判したりしても何も解決することはできません。むしろ周囲にはあなた自身が

「短気な人」という印象を与えてしまうかもしれません。

相手から攻撃されてもグッと我慢し、自分の道を貫くことで、名誉を守ることができるでしょう。

恥を知ることが善い行いへの始まり

廉恥心《れんちしん》はサムライが少年時代から最初に教えられる徳の一つであった。

武士たちは子どもの頃から「恥を知る」ということを徹底的に教育されていました。恥はあらゆる徳や道徳心の土壌であるため、恥を知ることが善行の始まりとなるのです。

仕事の手を抜いてしまったり、約束を破ったりという不誠実な行いをしていることに気づいたら、一度立ち止まり、軌道修正する必要があります。いつでも自分自身の行いをチェックするもう一人の自分を心の中に持ちましょう。

不名誉は樹木の切り口のように、時はそれを大きくする。

新井白石

武士にとって、恥をかくということへの恐怖はとても大きいものでした。たとえ小さな不名誉でも、時を重ねるうちに、それは樹木の年輪のように大きくなっていくからです。

恥をかかないようにするということは、人からの評判を気にすることとは異なります。自分で自分を誇らしいと心の中で感じられるようなことを行えばよいのです。たとえそれが目立たなくても、誰かに褒められなくても、自分の役割をきちんと果たすことが大切です。

サムライの若者にとっての目標は、知識や富ではなく、名誉を得ることだった。

名誉は「名《な》」や、「面目《めんぼく》」とも表現され、最高の善として武士に尊ばれていました。そのため、武士の若者たちは名を成すまでは我が家の敷居は跨《また》がないと心に誓ったといいます。

名誉は、知識や財産のように、外から取り入れるものや人から与えられるものではなく、内側から培うもの。苦労や貧困にも負けることなく一生をかけて名誉を追求していきたいものです。

武士の教育において第一に重んじられたのは、品格の形成であった。

武士の教育では、知識を得ることや弁が立つことなどの才覚よりも、智や仁、勇（↓184ページ）といった品格の形成が重んじられていました。そのため、哲学や武道、書道などを通して品格を磨いたといいます。特に書道は、「書は人なり」の言葉通り、人柄を表すものとされていました。

私たちも勉強や習い事など、外から色々なものを取り入れようと努力します。しかし、大切なのはそれらによって心を磨くこと。目先のスキルだけではなく、最終的な目標を見失わないようにしましょう。

私を生んだのは親である。
私を人たらしめるのは教師である。

「父母は天地のごとく、師君は日月のごとし」という格言があるように、教師も両親と同様にあなたを導いてくれる存在です。特に武士の時代、教師に

対する尊敬はとても高く、父親がいない子どもにとって、教師は父親代わりであったといいます。

人生に迷ったときもまた、師は頼るべき助言者となるでしょう。仕事や趣味、学びなどを通じて出会った人の中から、人生の師となる人が現れるかもしれません。人とのつながりを大切に、尊敬の念を忘れないようにしましょう。

必要とされるのは魂の教育

教師が品格や魂を素材として選んだとき、その仕事は神聖なる性質をおびる。

学ぶ目的が品格の形成にあるように、教師の役割もまた、ただ知識を授けることだけではなく若者たちの品格や魂を成長させることにありました。それゆえ、教師には優れた人格と高い学識が要求されたのです。

たとえば、後輩や部下からアドバイスを求められたとき、親身に話を聞くことも魂の教育といえるもの。小手先の解決策ではなく、相手の心の成長を真剣に考え、助言できるとよいでしょう。それは仕事だけでなく相手の人生にとっても大きな道標《みちしるべ》となるはずです。

仕事にはお金以外にも得ているものがある

武士道は無報酬、無償であるところに仕事の価値があると信じていた。

仕事をすればお金をもらえるのは当然のこと。しかし、武士道においてはこの考え方が広まりませんでした。僧侶や教師を含め、精神的な価値に関わる仕事には、金銭では計れない価値があるからです。

現代では、お金が仕事の目的となっていることも少なくありません。しかし、違う視点で見てみると、仕事をする上で得ているお金以外の価値もたくさんあるはず。それに気づくことで、働くことの喜びややりがいを感じられるようになるでしょう。

コラム

敵に塩を送った上杉謙信

上杉謙信と武田信玄は長年戦いを続けていたにも関わらず、謙信は信玄をとても尊敬していました。信玄の死に際し、謙信は「敵の中の最も優れた人物を失った」と嘆き悲しんだほどです。

信玄が別の勢力の策略により、塩の供給を止められ困っていた時期には、謙信は「我、公と争う所は弓箭《ゆみや》にありて米塩にあらず」との書状とともに自国の塩を信玄に送り、窮状を救ったといわれています。

争いは米や塩などのことではないという言葉に一流の武士としてのプライドを感じるでしょう。

後にこのエピソードは「敵に塩を送る」という慣用句となり、現在でも使われています。

相手の弱みにつけ込むのではなく、正々堂々と勝負することは武士道の精神そのものであるといえるでしょう。

第二章　平常心を保ちたいとき

これより先は禅の教えに譲らねばならない。

柳生但馬守宗矩《やぎゅうたじまのかみむねのり》

これは、剣術の師匠が、弟子に対して告げた言葉です。いくら剣さばきが上達しても、さらに上のレベルにいくためには、禅の教えが必要とされました。それは、危機に遭遇しても心を平静に保つため。常に死と隣り合わせの武士たちは、運命を受け入れ、従う心がなくてはなりませんでした。

禅というと難しく感じるかもしれませんが、座禅や瞑想などは特別なものがなくてもすぐに始められます。生活に禅を取り入れることで、心を落ち着け、冷静に物事を見られるようになるでしょう。

鏡は人の心を表している。心が澄んでいれば、そこに「神」の姿が見える。

武士道の忠誠心や愛国心のルーツとなっているのが神道の教えです。
神道において、神は具体的な姿がなく、岩や木などに依《よ》りつくと考えられ

ています。鏡もその「依代《よりしろ》」の一つ。神社の本殿には一枚の鏡が置かれ、私たちが参拝するときはこの鏡に自分自身の姿が映し出されます。自分の心が清らかであれば、そこには「神」が映されるのです。

　神社の厳かな空気の中で、自分自身と向き合う。それによって、心のくもりも取り払われるでしょう。

義を見てせざるは勇なきなり。

孔子『論語』

「義」とは自分がどんな行動をするのかを決断する力。武士たちにとって卑怯な行動や不正は最も恥ずべきものでした。

弱い人に手を差し伸べる、嘘をつか

ないなど、人として何が正しいかわかっていながら、それをしないのは勇気がないからである、というのが孔子の言葉ですが、言い換えれば、それは、正しい行いをするところに勇気が生まれるということ。

周りの空気に流されず、自分が正しいと信じる行動を起こすことで、真の勇気を身につけられるはずです。

勇気は義のために行われるものでなければ、徳の中に数えられる価値はない。

『忠臣蔵』の武士たちは「四十七人の義士」として知られています。「義士」というのは、優れた人に与えられる最高の称号であり、卑怯な手段や嘘が戦略としてまかり通っていた時代であっても、正直で男らしい徳は高く賞賛されるものでした。

現代では、こうした真正直なやり方は時に効率が悪いなどと揶揄《やゆ》されることも少なくありません。しかし、そんな声に耳を貸す必要はありません。強い心を内に秘め、正しい行いを続けていけば、必ず報われるときがやってくるでしょう。

生きるべきときは生き、死ぬべきときにのみ死ぬことこそ、真の勇気だ。

水戸光圀

武士の勇気というと、どんな相手にもひるまず突撃していくような大胆さを想像するかもしれません。しかし、無謀なチャレンジで簡単に命を落とす

のは勇気ある行動とはいえません。武士が考える「大義の勇」には、大胆な行動だけでなく、何があっても動じない平常心が必要なのです。
　本当に大切な場面では、恐れず自分の正義を貫く強さと冷静さを持つこと。それは誰にでもできることではありません。だからこそ真の勇気を身につけた人は多くの人から尊敬を集めることができるのです。

対等に戦える相手を恐れる必要はない

勇気とは「恐るべきものと、そうでないものを識別すること」だ。

プラトン

スポーツなどで、試合前に相手の評判を聞いて怖気づいてしまったという経験はありませんか。実際には自分たちもしっかりと準備をして互角に戦えるはずなのに、相手を恐れてしまうのは勇気が不足しているからといえるでしょう。

反対に、圧倒的に自分の力が弱く、勝つ見込みのない、本来なら恐れるべき相手に対し、無謀なチャレンジをするのも勇気とはいえません。

自分や相手を客観的に見極める力があれば、やみくもに恐れや不安を抱くこともなく、大切な場面に平常心で臨むことができるでしょう。

平静さは静止の状態での勇気である。

誰でも想定外の事態に遭遇すると焦ったり、戸惑ったりするでしょう。どうにか状況を打開すべくあれこれ行動しても、空回りし、ますます状況が悪くなってしまうこともあります。

非常事態にこそ必要なのが平常心なのです。平常心とは、外からは見えない内面的な勇気を表すもの。不安な気持ちを鎮め、冷静に状況を見極めるには強い心が必要です。動きたくなる心を抑え、まずは大きく深呼吸をする。それによって、今自分は何をすべきかが見えてくるはずです。

真に果敢《かかん》な人間は常に穏やかである。

内面に静かな勇気を持つ人は、周りの声によって心が乱されることはありません。自分は人として正しい道を進むという強い思いがあれば、外部からの評価を気にすることなく、常に穏やかでいられるのです。

様々な情報や価値観が溢れる現代では、それらに振り回され、自分を見失ってしまうことも少なくありません。しかし、あなたの心の中に秘められた勇気は自分自身が誇りとするもの。他者からの評価を気にする必要はありません。

ピンチを前にしても心の余裕をなくさない

声音《こわね》に乱れを見せないことは、心の広さであり、それは「余裕」と呼ばれる。

勇敢な武士たちは、戦場で迫りくる危機を前にしても動揺せず、詩歌をつくり、歌を口ずさむほどだったといいます。しかも、それが普段と何も変わらない調子でできるというのは並大抵のことではありません。その器の大きさこそ「余裕」と呼べるものなのです。

現代のような忙しい世の中では、様々なことを同時にこなさなくてはならず、常に余裕がない状態に陥りがちです。しかし、心の余裕は自分でつくるしかありません。忙しいときこそ、普段と変わらない振る舞いを意識しましょう。

もっとも勇気ある者はもっとも心優しい者であり、愛ある者は勇敢《ゆうかん》である。

「厳しさ」や「勇気」のイメージが強い武士道ですが、愛、寛容、思いやりなどの「仁」の精神も、上に立つ者に不可欠の条件として重要視されました。

部下の失敗を厳しく責めたり、自分の言う通りにしろと命令することは誰にでもできます。それは相手を恐怖によって支配するだけです。しかし、本当に強い心を持つ人は、相手を信頼し、ときには厳しくも、寛容な心で接することができるのです。そのバランスこそ一流のリーダーの素養といえるでしょう。

塵《ちり》ひとつない茶室の清潔さは、私たちの心から現実を忘れさせてくれる。

茶道の世界ではすべてのものが清められ、清潔でなくてはなりません。茶室では、暗い片隅にわずかな埃があることさえ許されないのです。また、道具は傷をつけないように丁寧に磨かれます。そして完璧に磨かれたものを、客の前でもう一度清めるのです。それはこの動作に、自分や客の心を清めるという意味があるからです。

忙しいときやイライラしたときこそ、丁寧に掃除したり、身の回りのものを手入れしてみてください。その動作が心を鎮め、落ち着きを取り戻してくれるでしょう。

嘘は「心の弱さ」である。

武士は嘘や卑怯な手法を嫌い、誠実であることを第一としました。

江戸幕府が倒れた後、武士は政府が発行した公債《こうさい》を元手に生計をたてなくてはなりませんでしたが、誠実さを重

視するあまり、商業で成功することは稀でした。武士たちは誠実であることによって、何か見返りがほしいわけではないのです。

損をすることになっても、嘘はつかない。その誠実さは心の強さとなり、自分自身の誇りとなるでしょう。

大義のために憤《おこ》ってこそ正当な怒りである。

――孟子

武士にとって「名誉」は最も重要なものであり、自分の命を懸けても守り抜くべきものでした。

しかし、ささいな侮辱などで、魂が汚されるわけではありません。一流の武士たちは怒りを「忍耐」と「寛容」の精神で抑えることを美徳としていました。

本当に怒らなければいけない場面では正々堂々と相手に伝え、ささいな言葉は笑ってあしらう。そういった心の度量が、不要な争いを避け、自分の名誉を守ることにもつながるのです。

武士道は忍耐の精神を養う一方、自分の感情を表に出さないという、礼を重んじた。

武士道では、感情を抑え、衝動に打ち克つ力＝克己心《こっきしん》も重要とされました。これは武士だけでなく、日本人にとって美徳とされるものでした。

たとえば、出征する兵士を見送るとき、その妻や両親は泣きわめいたり、別れを惜しんだりせず、ただ頭を下げて静かに挨拶をするだけでした。

このような行動は現代の私たちにとっては想像できないものかもしれません。しかし、自然に湧き出る感情を抑え、落ち着いて行動することは、自分の心を強くし、相手への思いやりにもなるのです。

切腹をやり遂げるには、極限までの冷静さが必要だった。

武士文化の大きな特徴である「切腹」は、「魂は腹に宿る」という観念に基づき、自分の潔白や誠実さを示す儀式です。武士にとって、切腹という洗練された形で命を捨てることは名誉なことだったのです。荘厳な雰囲気の中で行われるこの儀式に、武士は冷静な心と沈着な振る舞いをもって臨みました。

切腹を前にしても乱れることのない強い心は、簡単に手に入るものではありません。自分がこれまでどう生きてきたかが、人生を終えるときにも表れるのかもしれません。

コラム

武士の少年はどのように勇気を育てたのか

「獅子はその子を千尋《せんじん》の谷底に突き落とす」という言葉があります。これはライオンが、生まれたばかりの子どもを谷に落とし、這い上がることのできた強い子どもだけを育てるというたとえからきているもの。かわいい子どもにはわざと試練を与えて成長させるのです。

将来の武士を育てる親も、過酷すぎるほどの厳しさで子どもたちを鍛えました。ときに食事を与えなかったり、寒い中で外に出したりすることで我慢強さを養いました。

また少年たちで集まり、夜通し輪読《りんどく》をしたり、墓場や処刑場などで遊んだりすることもあったといいます。さらには斬首刑《ざんしゅけい》の様子を見に行き、夜遅くにはその場所を一人で訪れ、首に印をつけてくるなどということもあったそうです。このようなスパルタ式の教育によって少年たちは度胸や勇気を叩き込まれ、武士としての基礎を築いていったのです。

第三章　信頼関係を築きたいとき

感情が動かなければ頭で考えて行動する

愛情が徳の行動に結びつかない場合は、頼りになるものは人の理性である。

親孝行をする、年長者を敬うなど、人間関係においては愛や尊敬が行動の強い動機になります。しかし、それだけではうまくいかない場合、感情では

なく、頭で考えて正しい行動を導く必要があります。それが本来の「義理」の意味なのです。

他人からの期待に応えるため、世間体のためにしぶしぶ行動するのではなく、自らの強い意志をもって行動すること。それにより、負担に思えることにもやりがいを見出し、人や社会に大いに貢献することができるでしょう。

深刻な場面でも心の余裕を忘れない

合戦はただ野蛮な殺し合いではなく知的な勝負でもあった。

真の勇気を持つ武士たちにとって、戦いは命を懸けた真剣なものであるとともに、知的なやりとりをする場でもありました。

たとえば、江戸城の築城者であり、歌の達人である太田道灌《おおたどうかん》が、槍で刺され絶命する寸前、刺客は上の句を、道灌は下の句を詠んだといわれています。他にも、合戦の相手と機知に富んだ言葉を交わし合ったり、大声で自己紹介をしたりということもあったといいます。

深刻な場面の中でも、ちょっとした遊び心を持つこと。その余裕によって、自分の実力を発揮することができるはずです。

ライバルの成功は自分の誇りにもなる

汝の敵を誇りとすべし、
しからば敵の成功はまた汝の成功なり。

ニーチェ

ライバルというのは、敵でも、憎むべき存在でもありません。お互いを尊敬し、実力を認め合っている相手であり、卑怯な手は使わず、真剣に勝負できるのが真のライバルです。

オリンピックなどの舞台でも、長年のライバルが試合後に健闘を称え合う場面をよく目にします。ライバルがいるからこそ、実力が出せる。そう考えれば、相手の成功は自分の成功でもあるのです。たとえ勝負に敗れたとしても、正々堂々と、胸を張っていましょう。

勇気と名誉は、価値ある人物のみを平時の友とし、戦場の敵とすべきことを求める。

頑張っているのになかなか成果が出せないとき、「ライバルさえいなければ、自分が成功できたはずだ」と思うかもしれません。しかし、それは全くの逆。

ライバルがいるからこそ、お互いに成長することができ、相手がレベルアップすればするほど、自分も負けたくないと努力することができるのです。
それは、本当の意味での友達と呼べる間柄。同じ試練を乗り越えているからこそ、相手の気持ちを心から理解することができるでしょう。

権力を持つ人ほど慈悲の心を忘れてはいけない

仁における慈悲は女性的な優しさと説得力を持つ。

愛や寛容、他者への情愛、哀れみの心などを表す「仁」は、人間の魂が持つ性質の中で、最も気高いものとされています。武士は、生殺与奪権《せいさいよだつけん》など強大な権力を持つことを誇りにしながらも、それをむやみに振りかざさず、実際は穏やかな配慮による統治が行われていたのです。

権力を持っても傲慢にならず、慈悲の心を持つことは容易《たやす》いことではありません。

しかし、強い信念のもと、行動を示していけば多くの人が「ついていきたい」と思うリーダーになれるでしょう。

優しさだけではなく、厳しい判断も必要

武士たちは正義や公正さを持つことなしに、むやみに慈悲に溺《おぼ》れることを戒《いまし》められた。

「武士の情け」という言葉がありますが、人の上に立ち、また、人を守る立場でもあった武士たちには、仁の心が求められました。

しかし、ただ優しくするだけというのは、実は無責任なこと。上に立つ人は、何が正しいのかを見極め、ときに厳しい判断をしていかなければならないのです。

それは現代のリーダーも同じ。好かれることを意識して優しい言葉ばかりをかけていても部下は育ちません。正しい道に進むためには、厳しさも必要不可欠なのです。

部下の力を引き出すのは厳しさと優しさのバランス

義に過ぎれば固くなる。仁に過ぎれば弱くなる。

――伊達政宗

いつも厳しく叱責してばかりの上司では部下のやる気を引き出すことはできません。反対に、甘い言葉ばかりの上司では、部下は怠慢になってしまうかもしれません。厳しさと優しさはバランスが大切であり、部下に対してどういう声かけをするのかで、仕事の成果も変わるはずです。

部下のことを理解しようとし、ときに厳しく、ときに親のような優しさで見守ること。その安心感によって、部下は自分の持っている力を発揮することができるでしょう。

戦いで傷ついた相手を思いやる心を持つ

敗者を慈しみ、傲《おご》れる者を挫《くじ》き、平和の道を立てることこそ汝《なんじ》の業《わざ》。

ヴェルギリウス

武士たちは、壮絶な戦いの場に身を置く一方、文学や和歌、俳句などで興奮を鎮め、穏やかな時間を過ごしていました。それにより、弱者や敗者を思いやる、優しい感情を持ち続けていられるのです。

現代でも、常に自分のことで精いっぱいの状態では、相手に対する思いやりが二の次になりがちです。心を穏やかにし、周りに困っている人や傷ついている人はいないか目を配ってみましょう。

強いものに立ち向かうだけがチャレンジではない

弱い者、敗れた者、虐《しいた》げられた者への仁は
特に武士にふさわしい徳である。

一流の武士たちは、強い相手には勇気を持って挑みますが、弱い者を踏みにじることはしませんでした。戦いの歴史の中では、敵の若武者に対して逃

げるように諭《さと》したという逸話も残っているほどです。多くの敵を倒すことだけが武士の生き様ではないのです。

仕事をする上でもそれは同じ。自分が大きな成果をあげたからといって、傲慢《ごうまん》になったり、失敗した人を蔑《さげす》んだりするのは、仁の精神が欠けている証拠。

成功したときこそ、弱い立場の人に手を差し伸べる。その優しさの積み重ねが、次の成功の糧にもなるでしょう。

優しい感情は他者の心を癒す

優しい感情を養うことは、他者の苦しみを慮(おもんぱか)る思いやりの心を育てるのである。

どうしようもなく辛く、苦しいとき。言葉はなくても誰かがそばにいてくれるだけで、少し心が軽くなることがあります。それは、その人の持っている優しい感情が伝わるから。上辺だけの慰めの言葉では傷ついた心は癒せません。

武士たちは文学や音楽によって穏やかな感情の素地を作りました。日本の詩歌には悲哀と優しさが根底に流れているのです。

たくさんの悲しみや優しさに触れることが、相手の心を理解するための大きなヒントになるはずです。

他者の感情を尊重することから生まれる謙虚《けんきょ》さ、慇懃《いんぎん》さが礼の根源である。

目の前にいる相手が、どんな気持ちでいるのか想像し、その心に寄り添うこと。謙虚な姿勢で相手を立てること。それが礼儀の基本です。

礼儀は、立場が上の人に対して、失礼がないようにするものというイメージもありますが、それは誤解です。立場や貧富の差などではなく、「人としていかに立派か」

という心の価値によって、相手に敬意を払うことが大切なのです。いつでも、謙虚な気持ちを忘れないようにしましょう。

礼儀の本質には寛容さや驕《おご》らない心がある

礼は、その最高の形としては、ほとんど愛に近づく。

礼儀に必要な、思いやりの心と謙虚な姿勢。さらに掘り下げると、寛容で慈悲深く、自慢したり、驕り高ぶったりしない、自分の利益を求めないといった本質が見えてきます。これは愛とも

いえるものです。

武士道では「礼」は単独で存在するのではなく、「仁」や「義」と合わさり、さらに高い徳につながると考えられています。だからこそ、本当の礼儀は誰でも簡単にできることではなく、日々磨き続けることが大切なのです。

上辺だけの作法が礼儀でないのは、音が音楽と同一でないのと同じだ。

孔子

楽譜通りに音を弾いたとしても、そこに演奏者の心が込められていなければ、聴衆に感動を与えることはできません。それは礼儀も同じこと。様々な場面で「日本人は礼儀正しい」といわれます。しかし、表面的な挨拶や、マニュアル通りの丁寧さは礼儀とはいえません。相手の顔を見ることもなく単調な挨拶をするのは、まさしく、音が鳴っているだけと同じことかもしれません。

形式的になりがちな挨拶や気遣いでも、自分なりの思いを込めれば、素敵なメロディーとなって相手に届くでしょう。

礼儀とは、泣いている人とともに泣き、喜ぶ人とともに喜ぶということである。

立ち居振る舞いの丁寧さだけでなく、喜びや悲しみなどの感情、相手の置かれている状況に共感することも「礼」のあり方です。

例えば、自分は日傘を持っていても、相手がそれを持っていないのなら、どんなに暑くても日傘をたたみ、同じ暑さに身をさらす。つまり相手の置かれている状況を、自分のこととして共有することが礼となるのです。
ちょっとした行動から相手の状況を察し、自分にできる気遣いを行いましょう。

中身のない礼儀正しさは滑稽《こっけい》なもの

真実と誠実がなければ、礼は茶番であり芝居である。

伊達政宗の言葉に「礼に過ぎれば諂《へつら》いになる」という一節があるように、下心や損得勘定ゆえの大げさな礼儀正しさは茶番のようなものです。

仕事でも、相手の会社の大きさや取引額によってあからさまに態度を変えたり、権力のある人に媚《こび》を売ったりするのは誠実さに欠ける行為。一見丁寧に見える振る舞いも、中身がなければ相手にも見透かされてしまいます。
　嘘偽りのない真摯な態度で向き合ってこそ、相手の心を動かすことができるのです。

武士の約束に証文《しょうもん》はいらない。

「武士に二言はない」という言葉がありますが、「武士の一言」というのは、「真実」であり、契約や証明がなくても、一度口にした約束は必ず守られなければなりませんでした。

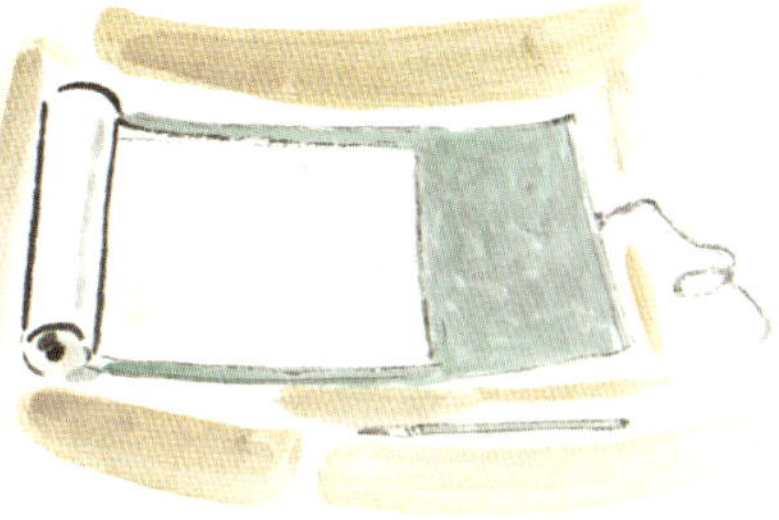

現代では、簡単に人と連絡をとれることから、気軽に約束し、気軽に変更をすることが当たり前になっています。しかし、いい加減な約束は必ず相手に迷惑をかけ、何も言われなかったとしても信頼を失っていきます。

自分の言葉は自分で守る。それが自分も周りも大切にすることなのです。

相手の過ちは、見て見ぬふりをしない

君主と臣下の意見が異なるとき、家来はあらゆる手段で主君の過ちを正す必要がある。

武士道において、主君への忠義は、命にかえても遂行しなければならない重いものでした。しかし、それは主君の奴隷になることではありません。主君の意見が正しくないとき、武士はあらゆる手段を使って過ちを正さなくてはならないのです。

上の立場の人に意見するのはとても勇気のいることで、できれば波風を立てたくないと思うかもしれません。しかし、組織が間違った方向へ進まないためには、あなたの一言が必要です。反発があったとしても、まっすぐな思いは、いつかきっと相手に伝わります。

コラム

「つまらないものですが」は日本人の礼

日本人の礼儀は外国からみると奇妙に映ることがあります。『武士道』にはこんな例が掲載されています。

アメリカではプレゼントを贈るとき、「これは素晴らしいものです」などといいます。それに対し、日本人は「つまらないものですが」と商品のことを悪く言う場合がよくあります。

これは、「どこを探してもあなたのような立派な人にふさわしい品物などありません。この品物はただ、私の心のしるしです」という気持ちを表したもの。

回りくどいと感じるかもしれませんが、どちらも相手を敬《うやま》う気持ちは同じです。好意を主張するのがアメリカ人、好意を謙譲《けんじょう》の形で表現するのが日本人の礼といえるでしょう。

第四章　困難に立ち向かいたいとき

サムライにとって卑劣なる行動、不正なふるまいほど忌《い》まわしいものはない。

目標に向けてコツコツ努力してもなかなか報われない…そんな状態が続くと、真面目にやっている自分がむなしくなってしまうこともあるでしょう。

しかし、そこで誘惑に負け、不正に手を出したり、卑怯な方法を使ったりするのは、自分で自分を裏切ること。間違ったやり方で手に入れた成功は決して誇れるものではありません。

たとえ結果がでなくても、強い心で正しい道を進むことが、自分の自信につながっていくのです。

「義」とは、失われた楽園を取り戻すために通る、真っすぐな狭い道のことである。

孟子《もうし》

孟子は「鶏や犬がいなくなっても探すことはできるが、心をなくしては探しようがない」といっています。義の心、つまり人として正しい道がわからなくなってしまったら、それがどんなものかもわからなくなり、探しようがありません。

正しい道は、そうではない道に比べて狭く、目立たないかもしれません。しかし、一人でも恐れず進みましょう。その真っ直ぐな道を一歩ずつ進むことで、強い心を作り上げるのです。

ピンチをどう捉えるかはその人次第

サムライは腹が減っても、ひもじいと思っては恥なのだ。

『先代萩』

目標に向かって頑張っていても、壁にぶつかったり、スランプに陥る場面は必ずやってきます。しかし、そんなとき、「もうだめだ」と悲観的になるのか、「これもいい経験だ」と捉えるのかは、その人の気持ち次第です。

武士の子どもたちが幼い頃から鍛えた忍耐と勇気は、絶体絶命の場面を耐え凌《しの》ぐ力になります。突然訪れるピンチも別の視点で見てみると、成長へのターニングポイントになるかもしれません。

誠実でなければ人間関係は始まらない

誠は物の終始なり、誠ならざれば物なし。

孔子『中庸《ちゅうよう》』

「言」うを「成」すこと、それが「誠」であり、武士の世界では、約束を守らない不誠実な者は死を持って償うこととなりました。

誠実さは、人間関係の始まりとなる大事なものですが、その基礎となるのは、「時間に遅れない」、「言ったことを守る」、「人によって態度を変えない」など、日常における小さな習慣です。それらを軽視せず積み重ねていくことが、ゆるぎない信頼の証となるのです。

誠実さの価値は今も昔も変わらない

孔子は、誠を尊び、超越的な力をあたえてほとんど神と同一視した。

誠実さの定義は、武士道の時代も現代も大きく変わりません。どんな時代でも、「約束を守る」というのは、その人の持つ最大の長所といえるでしょ

う。誠実な人は、仕事でもプライベートでも、「あの人に任せておけば間違いない」「あの人がそこまでいうのだから力になろう」と、チャンスを手にすることも多いはずです。

自分をより成長させたいと願うなら、まずは自分との約束、他人との約束を誠実に守り続けること。当たり前にできると思っていたことも、意外に困難だと気づくでしょう。

試練を乗り越えることが自信につながる

若年のころに勝ち得た名誉は、年齢とともに大きくなる。

武士の少年たちは、様々な苦難も、自分に与えられた試練としてひたすら耐えたといいます。そうして試練を乗り越えた自信と誇りは、年齢を重ねるにつれ、ゆるぎないものとなることを知っていたからです。

嵐の中にいるときは、辛く、逃げ出したくなっても、後で振り返るとそれが貴重な経験となり、あらゆる場面で自分を助けてくれることも多いもの。次に同じような場面がきたとき、以前より容易《たやす》く切り抜けられている自分に驚くかもしれません。

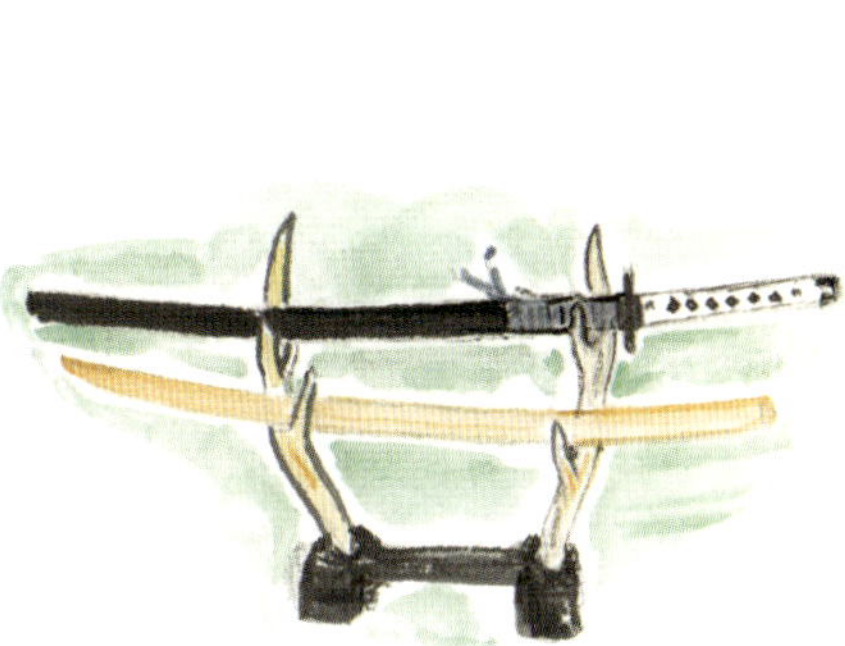

名誉と名声が得られるのであれば、サムライにとって生命は安いものだ。

武士たちは、自分の名誉を守るためなら、その場で命を捨てることも厭《いと》いませんでした。また、侮辱に対しては死を持って報復したのです。

それほどに、一人一人の心の内に秘められた名誉は重いもの。何があっても自分から投げ出すようなことがあってはなりません。

うまくいかないことばかりですべてが嫌になっても、自分だけは自分を見捨てない。自分の名誉を傷つけるような行為は決して行ってはならないのです。

金銭や貪欲さを嫌ったことで、サムライは金銭から生じる無数の悪徳から免れた。

武士たちは、金儲けを汚れた利益であるとして忌み嫌い、財産を惜しみなく投げ出せる人こそ賞賛に値するとしました。子どものころから、「富は知恵を妨げる」という教育を受け、経済観念とは無縁に育てられたのです。このようにお金から一歩引いた態度は、無用な金銭トラブルを避け、名誉を守ることにつながりました。

現代ではお金への執着から、人生が大きく狂ってしまうケースも少なくありません。自分とお金の正しい距離感をつかみ、お金に支配されない人生を送りましょう。

いたずらに死に急いだり、死を憧れることは等しく卑怯《ひきょう》とみなされた。

重大な失敗をしたとき、保身ゆえの謝罪を繰り返すのは、やるべきことから逃げているだけ。謝ることで自分が楽になろうとしているのではないでしょうか。

武士道では、「生」が「死」よりも苦しく辛いものであれば、生き続けるという決断が必要とされています。名誉欲しさに死に急ぐ行為は天命に背いた卑怯な方法なのです。

今自分が何をするべきか。与えられている使命に気づいたら、覚悟を持ってそれをまっとうしましょう。

次々に起こる試練は力を試すチャンス

憂き事のなほこの上に積もれかし
限りある身の力ためさん

山中鹿之介

次から次へと嫌なことが起こると、誰でも諦めたくなってしまうもの。しかし、この歌を詠んだ武士、山中鹿之介は、戦に負け、森に追い込まれ、武

器も壊れ、食べるものが尽きても諦めることなく、それどころか、「さらなる試練よ、来い！　自分の力を試してやろう」と、自分自身を奮い立たせたといいます。

たとえ目の前に大きな壁が立ちはだかっても、忍耐と正しい心を持って乗り越える決意をしましょう。限界の先にあるその景色は諦めなかった人だけが見ることができるのです。

腰に差した刀は、彼がその心中に抱く忠義と名誉の象徴であった。

武士にとって刀は単なる武器ではなく、主君への忠義と、自分の名誉の証《あかし》といえるものでした。刀を持つことで大人としての責任感が生まれ、自尊心を高めることができるのです。

現代では、腕時計やネクタイ、革靴などを身につけると、心のスイッチがオンになるという人も多いはず。誰も見ていないからと、だらしない格好で仕事をするのは責任感の無さの表れです。身なりを整え、姿勢を正すことで、大事な場面でも堂々と振る舞うことができるでしょう。

必要もないのに刀を振り回す者は卑怯者とか臆病者といって蔑《さげす》まれた。

武士の子どもたちは、5歳になると本物の刀を携えることを許され、15歳で、どんな働きにも耐えうる鋭利な刀を授けられます。しかし、責任感の象徴である刀ですから、それをみだりに使うことは固く禁じられていました。

権力や財力などを持つと、むやみにそれを振りかざす人がいますが、その奥にある弱さは周りの人から見透かされています。

大きな力には大きな責任が伴うもの。力を使わないこともまた、その人の強さなのです。

「負けるが勝ち」とは、真の勝利は乱暴な敵にむやみに対抗しないという意味だ。

戦う時は正々堂々と相手と向き合わなくてはいけません。仕事などで意見をぶつけ合う時も、自分の主張をしたら、相手の主張にも耳を傾けるのがマナーであり、よりよい成果を生み出すために必要なことです

中には一方的に自分の主張だけをしたり、他人の言葉尻を捕まえて揚げ足をとった

りする人もいますが、そんな人を相手にするのはやめましょう。

ときに、「戦わない」という選択も、賢明であり、あなたの名誉を守ることになるのです。

世界の歴史は「優しき人々は地を受け継ぐ」という予言を実証するだろう。

人間が持つ闘争本能は、誰もが持つ普遍なものだといいます。しかし、闘争本能よりもっと、神聖な本能が私たちには潜んでいます。それは「愛」です。

どんなに暗い世の中でも、優しい心は誰の中にもあります。「勝つか負けるか」という現実の前に、ないがしろにされてしまっているだけです。

まずは自分から優しさを示しましょう。見返りを求めないその心が、きっと相手の中にある「愛」を引き出し、次々と連鎖していくでしょう。

人間の活力をもたらすものは精神力である。

どんなにお金やものがあっても、どんなに良い教育を受けても、正しく健康な心がなければ、それらを活用することはできません。

反対に、強い心やまっすぐな思いがあれば、たとえ境遇には恵まれなくても、多くの人に応援され、目標に向かって最後までやり遂げることができるはずです。

つまり強い精神力は、力強く人生を生き抜くための財産といえるもの。日々、怠ることなく磨き続ければ、衰えることなく、いつもあなたを支えてくれるでしょう。

コラム

我が子の命すら厭《いと》わない武士の忠義心

江戸時代に作られた『菅原伝授手習鑑《すがわらでんじゅてならいかがみ》』という物語では、ある家臣がかつて世話になった人と、現在の主君のどちらにも忠義を果たすため、自分の息子の首を差し出すというストーリーが描かれています。そして彼は妻に「喜べ、われらが愛しき息子は立派にお役にたったぞ」というのです。

主君のために、自分の息子の命を犠牲にするなど、現代の私たちからは到底理解できるものではありません。

武士道の他の徳目は万人に通用するものですが、この忠義だけは武士固有のもの。そして他国ではあり得ないほど高いレベルまで到達させているのです。

そもそも武士道においては、個人は国家の構成員であり、家族のために尽くす「孝」よりも、国家や主君に身を捧げる「忠義」を優先しなければならないとされています。これは決して支配者の都合で決められたのではなく、当時の政治理論に基づいた道徳なのです。

第五章　よりよく生きたいとき

サムライは誰もがそれなりの詩人であった。

武士たちにとって文学は平常心を保つために欠かせないものでした。戦場に向かう武士たちが立ち止まって歌を詠むことは日常だったといいます。また、戦場で命を落とした武士の兜や鎧から辞世の句が見つけられたということもあったそうです。

自分で自分の気持ちを切り替える習慣は、様々な場面で助けとなります。不安なとき、イライラするとき、何をすれば心が落ち着くのか自分なりの方法を探してみてください。少しの時間でも何かに集中すれば、ざわざわした心を切り離し、冷静さを取り戻せるでしょう。

最善の方法とは、最も無駄がなく、最も優美なやり方になるであろう。

茶道の作法を注意深く見てみると、一見堅苦しく感じる動作も、一つ一つが洗練され、無駄がないことに気づきます。シンプルさを極めた動作こそ、最善の方法なのです。

やってみたいことや達成したい目標を前にすると、そこまでの道のりが遠く複雑に見えるかもしれません。色々な人の話を聞くほど、何が正しいのかわからなくなるかもしれません。そんなときは、つい見逃してしまいそうなシンプルな方法を見直してみてください。多くの人によって研ぎ澄まされたその方法を地道に繰り返すことで、確実に目標へと近づいていくでしょう。

優美な立ち居振る舞いのあくなき練習は、内なる余力を蓄えることにつながる。

スポーツや音楽で欠かせないのが基礎練習です。学生時代にテニスや野球でひたすら素振りの練習をした経験のある人も多いでしょう。基礎練習は退屈に感じるものですが、繰り返し正しいフォームを覚えることで、実践でも活用できるようになるのです。

日々の行いや立ち居振る舞いもそれと同じ。正しい行いや、美しい立ち居振る舞いを習慣にしていれば、自然と自分のものになっていくものです。他人から評価されなかったとしても、自分の中に行動を積み上げていくことが大切なのです。

お金にとらわれず、名誉を追い求める

富の道が名誉の道ではない。

事業を成功させ、莫大なお金を稼いでいる人は誰からも注目されるもの。悠々自適《ゆうゆうじてき》な彼らの生活を見ると、コツコツ働く自分はちっぽけだと感じるかもしれません。

しかし、富と名誉はまったく関わりがありません。お金があっても弱い人に手を差し伸べなかったり、不正を働いたりしていれば、自分の心の中はどんどん貧しくなっていくのです。

名誉はいくら蓄えても蓄えすぎることはありません。相手を思いやり、人として正しい行いをする。地味で目立たなくても、名誉は静かにあなたを支えてくれるのです。

人としてもっとも大切なもの、これがなければ野獣に等しい。

「武士の中の武士」と賞賛される西郷隆盛は、無私無欲の生き方を貫きました。指折りの実力者であったにも関わらず、他人に施しをし、自分は質素な暮らしをする。その生き様は多くの武士に影響を与え、今もなお語り継がれています。

誰でも欲に目がくらみそうになったり、楽な道に進みたいと思うことはあるでしょう。しかし、それらを理性で抑え、高潔であろうとすること。それこそ人間にしかできない生き方なのです。「最高の善」である名誉は、命をまっとうした後も生き続けるのです。

見返りのための正直さは誠ではない

武士道は報酬を求めるために誠を貫くのではない。

武士だけでなく、商人たちも「正直でいたい」という思いを持っていました。それは正直である方が、商売がうまくいくことが多いという理由から。

対して武士は、「金銭のために正直であるくらいなら、嘘をつく方がマシだ」と考えました。武士たちは見返りのためではなく、ただ誠実であることを重視したのです。

見返りを期待するのではなく、すべては自分の意思で決めること。たとえうまくいかなかったとしても、誠を貫いたその決断を誇りにしましょう。

周りからの意見にも耳をかたむける

繊細な名誉への感覚が過度の行為に陥《おちい》ることは、寛容と忍耐の教えがそれをくい止めた。

「自分は正しい行いをしている」という思いが行き過ぎると、他人にも自分のルールを押しつけたり、他人からのアドバイスに耳を貸せなくなったりしてしまいます。それはますます孤立を深め、自分だけのやり方に固執することにつながるのです。

自分の行いに誇りを持つことは大切ですが、寛容な心や我慢強さというブレーキも併せ持つ必要があります。ときに周りの意見から学び、不当な要求は忍耐の心で受け流す。そのバランスが、あなたをより成長させてくれるはずです。

名誉は境遇から生まれるのではなく、個人が役割をまっとうに果たすことにある。

壁にぶつかり自信を失ったとき、「あの人はお金があるから」「あの人は良い学校を出ているから」など、他人の育った環境や能力をうらやむことは誰にでもできます。

しかし、境遇に恵まれなくても、自分に誇りを持ち、気高く生きている人はたくさんいます。名誉は与えられた環境がどうであれ、誰でも自分の中に築くことができるものなのです。

それぞれの人には、与えられた「やるべきこと」があるはず。逆境に立たされているときこそ、逃げずにその役割をまっとうしていくことで、揺るぎない自信が身につくでしょう。

主君への忠誠は「良心の奴隷化」ではない。

組織に属していると、どうにか上の立場の人に気に入られようと、ゴマをする人も少なくありません。上司に気に入られるかどうかで、会社人生が変わるということも実際にはあるでしょ

う。

しかし、部下は上司の奴隷ではありません。上司の気まぐれやストレス発散につき合ってご機嫌をとったり、何でも言われた通りにするのはむしろ軽蔑される行いなのです。上の立場の人に敬意は払っても、人としての道は決して外さない。それが、結果的に組織のためにもなるでしょう。

正しい手段でなければ、結果は誇れない

武人の徳である功名心は、名を汚す利益よりもむしろ損失を選ぶ。

ヴェンティディウス
（シェークスピア劇の登場人物）

物事の結果としての数字やお金は比較しやすく、成功か失敗かが明確です。しかしその数字がどのように得られたのかは、本人にしかわかりません。武士たちは、不正や弱者の犠牲によって成り立つ利益を得るくらいならば、損失を出すことを選びました。武士にとっての成功は、金銭によってはかれるものではないからです。

大切なのはいくら稼いだかではなく、どのように稼いだか。潔く選んだその道は、年月が経っても「正しかった」と思えるものとなるでしょう。

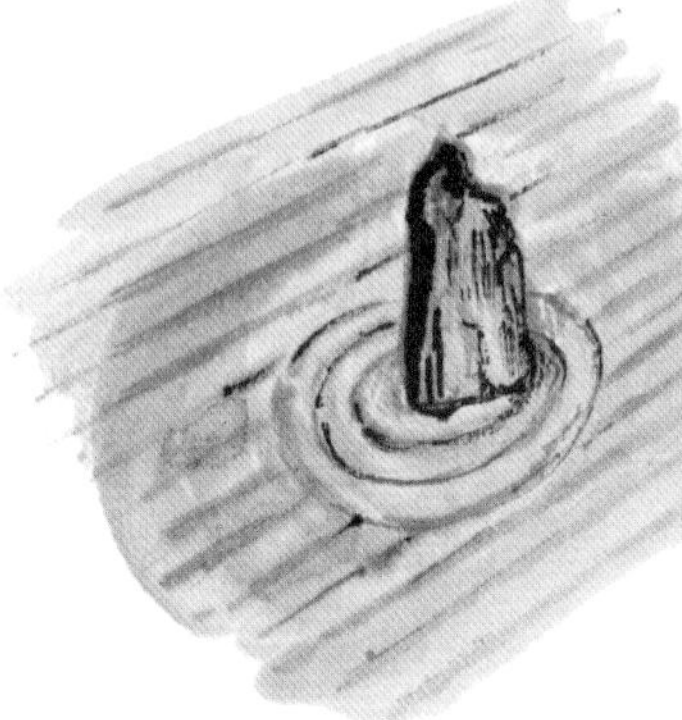

悲しみを抑え、笑顔によって乗り越える

笑いは悲しみや怒りとのバランスをとるためのものなのだ。

日本人にとって、感情をそのまま表に出すことは美徳でないとされてきました。たとえば不幸のどん底にあっても、友人が訪ねてくれれば「人生愁《うれ》い多し」「会う者は必ず別れる」などと言って、静かな微笑みを見せようとするでしょう。

この笑顔は、決して奇妙なものではありません。乱された心のバランスを取り戻そうと葛藤する自分を、うまく隠す役目をしているのです。

辛くても感情を抑え、必死で乗り越えようとする力。それによって、人生に何度でも訪れる辛い場面を恐れず進むことができるでしょう。

力があっても「使わない」選択を

武士道の究極の理想は平和である。

武士道では、手元にある武器を「使わない」ことが理想とされました。幕末の動乱を生き抜いた勝海舟は、何度刺客に襲われても決して刀を抜かず、「幕末の三舟」とよばれた山岡鉄舟も、

剣の達人ながら最後には無刀流を創始したのです。

「やられたらやり返す」というのはあまりに単純で幼稚なやり方です。力があるからこそ、それを使わず、他の解決法を探る。誰もが望む平和な社会はひとりひとりの行動によって実現することができるのです。

身近な人を支えることで、社会にも思いやりが広がる

妻は夫のため、夫は主君のために自分を捨てる。そして主君は天の命《めい》に従う奉仕者であった。

武士道において、女性が家庭に尽くすことは、武士が主君に忠義を尽くすことと同じでした。そして主君は天命にしたがい、社会全体に奉仕するのです。つまり、1対1の関係ではなく、上へ上へと支えていくような形です。それゆえ、女性だけではなく、武士や主君にも奉仕の精神が求められていました。

自分を犠牲にする生き方は、現代の価値観では理解しづらいものかもしれません。しかし、人は誰かに支えられれば心が癒され、より力を発揮できるもの。身近な人を支えることで、その思いやりの気持ちは連鎖し、社会に広がっていくでしょう。

美徳は悪徳に劣らず伝染する力を持っている。

人は環境によって考え方や振る舞い、そして生き方が変わるもの。周りで頑張っている人がいると、「自分もやってみよう！」という気持ちになるでしょう。良い空気や、エネルギーは知らず

知らずのうちに広がっているのです。
何か大きなことをする必要はありません。たとえば、「必ず時間を守る」という行動も、いつの間にか仲間の中では当たり前のルールになっていたりするはずです。
始まりはたった一人の行動から。周りの誰もがやっていなくても、美しい行いは必ず周りに広まっていくでしょう。

私たちの愛する桜花はその美しい装いの陰に、トゲや毒を隠し持ってはいない。

桜の花のやわらかな色合いや気品、堂々とした幹、そして自然に任せて花を散らす潔さ。決して派手さはなくても、桜の持つ洗練された美しさは日本人の心を魅了します。ヨーロッパで愛されるバラのように、美しさの影にトゲを隠してもいません。

それはまさしく武士道の精神にも通じるもの。質素に暮らし、優しさと誠実さを重んじ、嘘を嫌う、そして名誉のためなら死も恐れない。

1年に1度、桜の花を見るとき、今の自分はこの花のように生きているかと問いかけてみましょう。

武士道は現代の日本人にとっても生きるヒントになる

日本人の表皮を剥《は》げばサムライが現れる。

現代人には現代人の生き方のルールがあります。大きな自由を私たちは持っています。価値観も多様になり、誰かによってそれを縛られることはありません。

しかし、すべてが自由だからこそ、自分はいったい何を信じたらよいのか、何を頼りにしたらよいのか、進むべき道を見失ってしまうことも多いもの。

そんなとき、武士道の精神を紐解いてみると、心の中にストンと入ってくるものが必ずあるはずです。

日本人に受け継がれているサムライの心は、現代のルールと融合され、新しい生き方の道標《みちしるべ》となるでしょう。

コラム

武士道の根底にあるのは「ノブレス・オブリージュ」

そもそも『武士道』とは、武士たちが日常生活で守るべき道を示したものです。それは一言でいうと「ノブレス・オブリージュ」＝高き身分の者に伴う義務のこと。武士はたくさんの人の上に立ち、様々な権利を与えられる一方、背負うべきたくさんの義務がありました。一方で当時、ほとんどの庶民は政治と無縁であり、権利がない代わりに負うべき義務もありませんでした。

現代の民主主義では基本的に特権階級を認めていないため、本来の意味の「ノブレス・オブリージュ」は存在しません。その代わりに市民全員が等しく義務を負っているのです。どんな社会を作っていきたいかも私たちの意志によって決められます。

多くの権利を得て自由になった私たちですが、義務の重さについては目を逸らしがちです。それぞれが「ノブレス・オブリージュ」を意識し、与えられた使命をまっとうしなければならないのです。

第六章　武士道解説

世界的なベストセラーとなった『武士道』

武士道の原題は『BUSHIDO The Soul of Japan』。新渡戸稲造が英語で書き、明治32年（1899年）に出版された後、ドイツ語やフランス語、ロシア語など30カ国語以上に翻訳され世界的なベストセラーになりました。

日清戦争に勝利し、世界の注目を集めたアジアの小さな国、日本。『武士道』は、外国人が〝サムライの国〟を知るための格好の教科書となったのです。

英語の副題からもわかるように、この『武士道』は単に武士たちの規範や倫理観について述べたものではなく、日本人全体の道徳意識や思考を紐解いたものです。

そのため、出版から100年以上経った現在でも、一つの生き方の指針として多くの日本人に影響を与え続けています。

新渡戸稲造という人物

かつての五千円札の肖像としても有名な新渡戸稲造ですが、実際に彼がどんなことをしたのかはあまり知られていません。

新渡戸稲造は代々続く南部藩士の家に生まれましたが、5～6歳の頃に明治維新を経験。武士の時代が終わったことから、学問の道を志し、「これからは英語の時代だ」と東京外語学校に入学しました。

彼がドイツに留学した際、ある研究者に「日本では宗教教育がないのに、どうやって道徳を授けるのか」と尋ねられたことをきっかけに、自分の幼少時からの倫理観念をつくったのが「武士道」だと気づき、その思想を外国に伝えるため、この本を執筆することになりました。

それは、彼の持つ「太平洋の架け橋になりたい」という志の表れでもあったのです。

武士道の7つの徳目

『武士道』では以下の7つが、身につけるべき徳目（教え）であるとされています。

〈義〉正々堂々と戦う心、卑怯な行動や不正を恥とし、悪を見逃さない心
〈勇〉死を恐れない平常心、正義のためにふるわれる勇気
〈仁〉愛情や寛容、他者への思いやりの心
〈礼〉相手の気持ちを思いやった行動、礼儀
〈誠〉一度口にしたことは必ず守ること

〈名誉〉武士が最も重んじた観念
〈忠義〉自分を犠牲として主君に仕えること。ただし奴隷的な服従とは異なる

この7つに加え、叡智を意味する「智」も「勇」や「仁」とともに武士の品格を支える徳目とされています。

武士道において、これらは一つ一つがばらばらに存在するのではなく、徳目が徳目を支える形になっているのが特徴的です。

勇、智、仁が義を支え、誠と仁が礼を支え、義と礼が忠を支えます。つまり全ての徳目の支えによって最上位にくるのが忠です。そしてこの忠は名誉のために行われるのです。

単なる服従ではなく、自らの名誉のために主君に忠義を尽くす。これが武士道の考え方です。

新渡戸稲造の発想により徳目が体系化され、武士の思考を論理的に理解できるようになったのです。

武士道のルーツ

武士道は、何百年にも及ぶ武士たちの歴史によって出来上がったものですが、その源泉となるのは仏教、神道、儒教の３つであるといいます。

仏教では避けることのできない運命を穏やかに受け入れ、生に執着しない心を学びます。また、平常心を保つ禅の教えも、日々戦いに備える武士たちにとって欠かせないものでした。

神道は、主君に対する忠義や祖先への崇拝、国土を慕い敬う心を養います。これは日本人の民族的な感情ともいえるものです。

また儒教は、神道に由来する道徳を体系化したもので、儒教の偉人である孔子や孟子の著作は武士たちにとって必読書でした。

これらの３つの源泉が集まり、武士たちの気高い精神が形成されていったのです。

武士文化の象徴 敵討ち

孔子の言葉に「正義を以て怨みに報いるべき」という言葉がありますが、警察もなく、裁判の制度もなかった武士の時代には、「敵討ち」つまり復讐によって社会の秩序が保たれていました。「被害者や天に変わって悪人を討つ」というこの制度は、人間が本来持つ、正義のバランス感覚であり、日本以外でも広く存在していたものです。

ただし、武士の時代に敵討ちが正当化されたのは、「目上の人のため」もしくは「恩義ある人のため」のどちらか。自分自身や家族のための復讐は認められておらず、ただ耐えるしかありませんでした。

時代が進み、国家により悪事が裁かれるようになるとこの敵討ちの制度はなくなっていきました。

武士文化の象徴 切腹

ヨーロッパの人々に日本が〝野蛮な国〟であるというイメージを植え付けたのが切腹。キリスト教で自殺は禁じられているため、切腹は武士の狂気じみた風習ともいわれました。

しかし、切腹は単なる自殺ではありません。格式高く厳かな場所で行われる洗練された儀式であり、冷静かつ潔い心を持つ武士にしか行うことのできないものでした。

そもそも、「腹を切る」理由は、腹に魂が宿ると信じられているから。自分の魂を開き、身の潔白や誠実さを証明する究極の手段なのです。武士たちは切腹により罪を償《つぐな》い、過ちを詫び、恥を免れ、朋友を救いました。

畳で死ぬことを恥じる考え方もあったほど、切腹は名誉の死であり、武士にふさわしいものだったのです。

武士道と女性

武士道において、女性は家庭的なだけでなく勇猛《ゆうもう》果敢《かかん》であることを求められました。そのため、若い娘たちは感情を抑え、精神を鍛えるほか、薙刀《なぎなた》という長い柄の刀で自分の身を守る術を身につけました。それに加え、成人した女性は「懐剣《かいけん》」という短刀を与えられました。これは自分を襲う者がいれば相手の胸を、場合によっては自分の胸を突き刺すためのものです。

また、女性にとって舞踊や音楽、文学を学ぶことは技能を磨くためではなく、立ち居振る舞いを美しく保ち、心を清らかにするため、つまりは家を治めるためのものでした。

女性は幼い頃から献身的な精神を身につけ、夫のため、家庭のためによく働き、命を捧げることも厭《いと》わなかったのです。

［画］

臼井 治（うすい おさむ）

日本画家、日本美術院 特待。愛知県立芸術大学大学院美術研修科修了。師は片岡球子。愛知県立芸術大学日本画非常勤講師、同大学法隆寺金色堂壁画模写事業参加を経て、現在は朝日カルチャーセンターなどで日本画の講師を務める。また、国内のみならずリトアニア、台湾など海外での個展も開催。近年は、坂東彦三郎丈の「坂東楽善」襲名披露引出物扇子原画制作など多岐にわたり活躍中。

［参考文献］

いま、拠って立つべき“日本の精神”武士道（PHP文庫／岬龍一郎訳）、［図解］武士道 逆境に負けない不屈の精神、何事にも動じない心を鍛える（PHP研究所／岬龍一郎）、NHK「100分 de 名著」ブックス 新渡戸稲造 武士道（NHK出版／山本博文）、自分に負けないこころをみがく！こども武士道（日本図書センター／齋藤孝）ほか

文　　　　　宇野真梨子
画　　　　　臼井 治
装丁デザイン　宮下ヨシヲ（サイフォングラフィカ）
本文デザイン　渡辺靖子（リベラル社）
編集　　　　　伊藤光恵（リベラル社）
営業　　　　　津田滋春（リベラル社）

編集部　堀友香・山田吉之・山中裕加
営業部　津村卓・廣田修・青木ちはる・榎正樹・澤順二・大野勝司

心を整える 武士道の言葉

2019年8月29日　初版

編　集　リベラル社
発行者　隅田 直樹
発行所　株式会社 リベラル社
〒460-0008
名古屋市中区栄3-7-9 新鏡栄ビル8F
TEL 052-261-9101　FAX 052-261-9134
http://liberalsya.com
発　売　株式会社 星雲社
〒112-0005
東京都文京区水道1-3-30
TEL 03-3868-3275

ISBN978-4-434-26458-0